BEI GRIN MACHT SICH IHR WISSEN BEZAHLT

- Wir veröffentlichen Ihre Hausarbeit,
  Bachelor- und Masterarbeit

- Ihr eigenes eBook und Buch -
  weltweit in allen wichtigen Shops

- Verdienen Sie an jedem Verkauf

Jetzt bei www.GRIN.com hochladen
und kostenlos publizieren

Irina Kriger

Yosano Akiko und die Debatte um die Frauenrechte

GRIN Verlag

Bibliografische Information der Deutschen Nationalbibliothek:

Die Deutsche Bibliothek verzeichnet diese Publikation in der Deutschen National-
bibliografie; detaillierte bibliografische Daten sind im Internet über http://dnb.d-
nb.de/ abrufbar.

Impressum:

Copyright © 2011 GRIN Verlag GmbH
Druck und Bindung: Books on Demand GmbH, Norderstedt Germany
ISBN: 978-3-656-36668-3

Dieses Buch bei GRIN:

http://www.grin.com/de/e-book/209074/yosano-akiko-und-die-debatte-um-die-
frauenrechte

GRIN - Your knowledge has value

Der GRIN Verlag publiziert seit 1998 wissenschaftliche Arbeiten von Studenten, Hochschullehrern und anderen Akademikern als eBook und gedrucktes Buch. Die Verlagswebsite www.grin.com ist die ideale Plattform zur Veröffentlichung von Hausarbeiten, Abschlussarbeiten, wissenschaftlichen Aufsätzen, Dissertationen und Fachbüchern.

Besuchen Sie uns im Internet:

http://www.grin.com/

http://www.facebook.com/grincom

http://www.twitter.com/grin_com

Rheinische Friedrich-Wilhelms-Universität Bonn
Institut für Orient- und Asienwissenschaften
IT, Recherche und Präsentation, WS 2011/2012

Yosano Akiko und die Debatte um die Frauenrechte

Hausarbeit von:

Irina Kriger
B.A. Asienwissenschaften, 1. Fachsemester

12.01.2012

Inhaltsverzeichnis

1. Einleitung

Schon vor hundert Jahren haben Frauenzeitschriften in Japan mit zunehmender Industrialisierung einen erheblichen Einfluss auf den Lebensstil der japanischen Frau (SATO 2003: 78), wobei der heutige Stil nicht mehr mit dem des 20. Jahrhunderts identisch ist. In einem Artikel über Japanerinnen zu Ende des zwanzigten Jahrhunderts besagt MILLER (2003: 295): „By rejecting the ineffectual body style of the unbaked maiden, still desired by many men, women are asserting a degree of adult independence and sexual autonomy". Während heutzutage Mittel zur Brustvergrößerung und sexuelle Offenheit in Frauenzeitschriften angepriesen werden, wäre dies in der feudalistisch geprägten Meiji-Zeit undenkbar gewesen. Eine der Frauen, die zu dieser Zeit feministische Gedankenansätze entwickelt und sich für die Rechte und die Selbstverwirklichung der japanischen Frauen einsetzte, war Yosano Akiko. Was sie zur Entstehung des neuen Idealbilds der Frau beitrug und inwiefern sich dieses Ideal von dem der Meiji-Zeit unterscheidet, soll Gegenstand dieser Arbeit sein. Im Einzelnen soll genauer auf Yosano Akiko und die Taishō-Debatte um die Frauenrechte eingegangen werden so wie auf Yosanos Werk *Midaregami* (Verwickeltes Haar), japanische Frauenzeitschriften des zwanzigsten Jahrhunderts und das veränderte Selbstbildnis japanischer Frauen.

2. Yosano Akiko und die Debatte um die Frauenrechte

Die Dichterin Yosano Akiko war Mitglied der feministischen Bewegung in der Meiji Zeit und nahm an der Taishō-Debatte um die Frauenrechte teil, deren Anfänge auf 1912 zurückdatiert werden können. Bemerkenswert ist dabei ihre eigene Situation: Sie gebar zahlreiche Kinder, kümmerte sich um ihren arbeitslos gewordenen Ehemann und das Wohlergehen ihrer Familie (RASPLICA RODD 1991: 188). Somit verdiente Yosano sich den Titel der „neuen Frau" (*atarashii onna*) (RASPLICA RODD 1991: 179). Zu der Zeit als der Begriff durch ein westliches Theaterstück aufgegriffen wurde, wurde die Definition der *atarashii onna* umstritten gesehen und diente als Auslöser für die Debatte um die Frauenrechte (RASPLICA RODD 1991: 175–176). Yosano Akiko stellte mit dem Essay „Women's Complete Independence", welches im März 1918 in der Zeitschrift *Fujin Kōron* erschien, klar, was sie in der Debatte verlangte:

> I cannot agree with the European women's movements' demand for special economic protection from the state for women during pregnancy and childbirth. I, who feel that it is slave morality for women to be dependent on men because of their procreational role, must refuse dependency on the state for the very same reason. ...I am convinced that couples, both the husband and the wife, must take responsibility for the economic needs of their families. (Yosano Akiko, zit. nach RASPLICA RODD 1991: 192)

Yosano forderte völlige Unabhängigkeit für alle Frauen, sowohl von ihren Ehemännern als auch vom Staat, der im Jahre 1918 noch dieselbe Gesetzgebung wie in der Feudalzeit hatte. Diese besagte, dass eine Frau nicht als Haushaltsvorstand in der Familie gewählt wurden durfte und nur ein Mann innerhalb dieser alle wichtigen Entscheidungen zu treffen hatte (TAUDIN CHABOT 1981: 257). Yosano hatte am eigenen Leibe erfahren, dass sie erst berühmt werden konnte, nachdem sie den erfolgreichen Dichter Yosano Tekkan geheiratet hatte (RASPLICA RODD 1991: 182), weswegen sie ein gerechtes System der Krankenversicherung für berufstätige Frauen forderte damit diese auch unabhängig von ihren Männern einen Beruf ausüben konnten (RASPLICA RODD 1991: 197).

Hiratsuka Raichō, Yamakawa Kikue und Yamada Waka, ihre Mitstreiterinnen in der „Debatte um den Mutterschutz" (*bosei hogo ronsō*), wie die Debatte um die Frauenrechte auch genannt wird, hatten eine andere Auffassung von den Forderungen für „die neue Frau". Vor allem Hiratsuka kritisierte Yosano sehr stark und behauptete die meisten Frauen könnten nicht die Belastung eines arbeitslosen Ehemanns und mehreren Schwangerschaften ertragen, weswegen der Staat vor allem Müttern besonderen Schutz bieten sollte (RASPLICA RODD 1991: 193).

Yamakawa hingegen forderte eine soziale sowie eine wirtschaftliche Reform für Frauen (RASPLICA RODD 1991: 194), was im weitesten Sinne mit Yosanos Idee der Krankenversicherungsreform übereinstimmte. Yamada verteidigte das traditionelle Meiji-Ideal der "gehorsamen Frau und weisen Mutter" (*ryōsai kenbo*) und war der Überzeugung: „It is a woman's natural right as a mother to receive funds for her daily needs from her husband or from the state" (RASPLICA RODD 1991: 195); es sei kein Verlust der Unabhängigkeit einer Frau sich von ihrem Mann oder dem Staat Geld anzueignen um ihre Rolle als erziehende Mutter zu erfüllen.

Nach mehreren gegenseitigen Angriffen unter den „neuen Frauen" endete die Taishō-Debatte im Jahre 1919 mit dem gemeinsamen Ziel der Befreiung der Frau, ohne dieses Ziel erreicht zu haben. Daraufhin widmeten die Beteiligten sich zusammen mit anderen Aktivisten das Leben anderer Japanerinnen durch Bildung und politische Beteiligung zu ändern, woraufhin 1919 die Shin Fujin Kyōkai (Vereinigung Neuer Frauen) entstand (RASPLICA RODD 1991: 198).

3. Midaregami
Widmet man sich der genaueren Analyse von Yosanos Werk *Midaregami*, stellt man fest dass dieses Werk im Bezug auf die damalige feministische Bewegung sehr auffällig ist. Das Werk

wurde 1901 als Gedichtsammlung veröffentlicht (RASPLICA RODD 1991: 179). Die Leser hatten verschiedene Meinungen über *Midaregami*, auffallend ist dabei die Wirkungsweise der Gedichte: „Many readers did not take the poems as pure literature, but as expressive of a kind of freedom of thought to which they aspired" (BEICHMAN 2007: 176). Kritiker wie Hatsu Kōnosuke lobten Yosano für ihren offenen Umgang mit Sexualität: „Akiko, a virginal twenty-year-old girl, liberated Japanese sensuality." (Hatsu Kōnosuke, zit. nach BEICHMAN 2007: 176).

Am meisten bemängelt wurden die Unverständlichkeit und die Freizügigkeit der sexuellen Anspielungen des Werkes, dazu sagte ein damaliger Kritiker der Tokyo Asahi Shinbun Zeitung bezüglich des in *Midaregami* erschienen Gedichtes „Der Frühling ist kurz" (*Haru mjikashi*): „As works by a woman, this and some of the other poems are improper" (*Tokyo Asahi Shinbun*, zit. nach BEICHMAN 2007: 177). Bemerkenswert bei dieser Aussage ist, dass der Kritiker die Worte „As works by a woman" zu Anfang setzt und es fraglich ist, ob das Werk ebenfalls als anstößig bezeichnet worden wäre, wäre ein Mann der Verfasser von Midaregami gewesen.

Lange bevor Yosano *Midaregami* verfasste, bezeichnete sie in ihrer Jugend ihre eigenen Werke nur als durchschnittlich und stellte fest: „‚It's because I'm stuck in a woman's body' […], I thought, and decided to write as if I were a man. After that, my poems changed" (Yosano Akiko, zit. nach BEICHMAN 2007: 68).

Dieser Wechsel der Perspektive eröffnete Yosano den Zugang zur literarischen Welt und die Möglichkeit, diese zu mit einem hervorstechenden Werk wie *Midaregami* zu beeinflussen, denn schon vor ihrer Erkenntnis verstand sie, dass eine Frau und ihr Werk niemals ein solches Ansehen haben könnten wie ein Mann (BEICHMANN 2007: 65).

4. Japanische Frauenzeitschriften im zwanzigsten Jahrhundert

Zu Anfang des zwanzigsten Jahrhunderts wurden Frauen als Konsumenten für Zeitschriften entdeckt, und gab es einen rasanten Anstieg an Publikumszeitschriften auf dem japanischen Markt. Durch die Massenkultur wurde das Ideal der „gehorsamen Frau und weisen Mutter" aufgehoben und durch neue soziale Gruppen ersetzt (SATO 2003: 78–79). Diese lassen sich laut SATO (2003: 7) hauptsächlich in drei große Frauengruppen unterteilen, welche den Lesern der neuen Frauenzeitschriften angehören: das moderne Mädchen (*modan gāru*), die selbstmotivierte Hausfrau (*shufu*) und die extrovertierte, berufstätige Frau (*shokugyō fujin*).

Fujin kōron (Bericht der Frau, ab 1916) und *Shufu no tomo* (Begleiter der Frau, ab 1917) sind berühmte Beispiele der neu entstandenen Publikumszeitschriften; ihre Artikel gaben Auskunft über neue Tätigkeiten innerhalb und außerhalb des Hauses, lieferten verschiedene Einblicke in das Leben und die Liebesbeziehungen anderer Frauen, so wie in die weibliche Sexualität und vermittelten den Lesern auf diese Weise ein Verbundenheitsgefühl (SATO 2003: 80–81; 112). Tatsächlich aber, Yamakawa Kikue und anderen Kritiker zufolge, dienten die Artikel dieser Zeitschriften dazu, durch ihren Einfluss auf die Frauen einen ökonomisch wertvollen Haushalt zustande zu bringen und waren nicht allein auf die Eigennützigkeit bedacht, die die Frau daraus zog (SATO 2003: 101).

Die feministisch geprägte Zeitschrift *Seitō* (Blaustrumpf), 1911 von Hiratsuka gegründet, stach besonders unter diesen Zeitschriften heraus, da sie sich anstatt von Haushaltstipps und der Bewältigung von Alltagssituationen mit der „Befreiung des Individuums beschäftigte[n]" (TAUDIN CHABOT 1981: 261). Während Publikumszeitschriften der damaligen Zeit eine Sympathie bei den Lesern erweckten, berichtete *Seitō* über einzigartige Frauen, deren Artikel nicht den Hintergedanken hatten, einen ökonomisch wertvollen Haushalt zu gestalten, sondern auf ehrliche Weise andere Frauen von ihren Ideen zu überzeugen. Doch die Gruppe der „neuen Frauen" wurde meistens als unmoralisch und antisozial angesehen, die meisten Frauen konnten sich nicht mit den „neuen Frauen" identifizieren, so dass die Gesellschaft sie in Frage stellte und keine derartige Sympathie für *Seitō* aufkam (SATO 2003: 112).

Grundsätzlich behauptet SATO (2003: 113), dass die der Mehrheit der Frauen radikalen Veränderungen mit Misstrauen begegnet, doch dass die Artikel der Publikumszeitschriften Frauen zur Selbstreflektion und zu kleineren Veränderungen ihres Lebensstils brachten, welche die Japanerinnen zu den Anfängen der Befreiung ihres Geistes vom Staatsgedanken führten.

5. Das veränderte Selbstbildnis japanischer Frauen

Eine neue Gruppe von Frauen waren ab 1924 die *modan gāru*, die sich zunächst durch ihren neuartigen Kleidungsstil und ihre Kurzhaarfrisuren auszeichneten, oft eingesetzt als „mannequin girl" (SATO 2003: 46), das in großen Kaufhäusern die Kunden empfing, oder als Model in der Mode- und Kosmetikindustrie. Es ließ sich mit der Zeit allerdings auch ein veränderter Charakter feststellen: Anhänger dieser Gruppen lebten zumeist unter gelockerten Moralvorstellungen und waren genusssüchtig (SATO 2003: 45–46). Hiratsuka, Yosano und Yamakawa hatten verschiedene Ansichten über die *modan gāru*, doch waren sich einig, dass diese Frauen „erwacht" waren und nun als Subjekt ihrer eigenen Handlungen gesehen werden wollten, anstatt als Objekt im Leben anderer (SATO 2003: 48).

Ab den späten 1930 kam es vor allem durch marxistische Vorstellungen in der Gesellschaft und dem Zwischenfall an der Marco-Polo-Brücke am 7. Juli 1937 dazu, dass viele Frauen sich Arbeit suchten. Von der neu entstandenen Gruppe der *shokugyō fujin* hörte man 1938 in Ausgaben von *Shufu no Tomo* Aussagen von berufstätigen Frauen wie: „In any event, working is important before getting married" (*Shufu no Tomo*, zit. nach SATO, 2003: 157). Eine Tendenz zur Vorliebe der Büroarbeit entwickelte sich unter den berufstätigen Frauen und sie wollten aus Eigeninitiative nicht länger wie die *modan gāru* in schlecht bezahlten Positionen als Verkäuferinnen in großen Kaufhäusern eingesetzt werden (SATO 2003: 156–157).

Die selbstmotivierte Hausfrau hingegen genoss zur Zeit der Elektrifizierung der Haushalte viel Freizeit, da Aufgaben wie Kochen und Waschen nicht mehr so viel Zeit in Anspruch nahmen, und hatte die Möglichkeit sich als Arbeitskraft in die Gesellschaft einbringen. Sie war damit nicht mehr durch die Grenzen des eigenen Haushalts beschränkt und konnte ihren eigenen Horizont erweitern (SATO 2003: 163).

Obwohl die Ansichtsweisen der neu entstanden Frauengruppen sich änderten und nun persönlicher Natur waren, kritisierten Yamakawa und Yosano diese stark. So sagte Yamakawa, dass sich letztlich doch nichts an der sozialen Position der Frauen änderte:

> The problem is that Japanese women command a low position in society, have no vision of the world around them, are unable to make rational decisions, are not moved to actions by politics, and mentally they remain confined to the home. (Yamakawa Kikue, zit. nach SATO 2003: 163)

Yosano, die ihre Hoffnung auf die Frauen der Mittelschicht gesetzt hatte, verstand, dass ihre Erwartungen an die auf *Seitō* folgenden Generationen nicht erfüllt wurden:

> Within the ranks of the middle class […], I know there are women whose eyes have been opened to new ways of thinking. There are even more educated women with high standards, good morals, and knowledge of society among these women that were among the former 'new women.' If they take the initiative and pool their energies as a group, they could be several times more influential than the so-called "new women" and any movement they might have orchestrated. Instead they choose home and family. They lack the courage to become socially active. […] But out of deference to their husbands and relatives, they retreat into their own worlds. […] If you ask whether or not they are able to realize their ideals, as far as I am concerned, they just compromise and continue to maintain the same old customs. Like other ordinary housewives, once in a while they might follow a fad, but usually they spend their days absentmindedly reflecting on nothing in particular. (Yosano Akiko, zit. nach SATO 2003: 152–153)

6. Fazit

Betrachtet man die Entwicklung der Frauengeschichte in Japan, wird klar, dass Yosano Akiko und ihre Mitstreiterinnen in der Taishō-Debatte viele Frauen der folgenden Generationen durch ihre Worte und Taten „erweckt" hatten: sie zeigten ihnen, dass Frauen nur Werkzeuge ihrer Ehemänner und ihres Staates waren. Yosano stellte fest, dass die meisten Frauen sich nicht aus dieser Sklaverei befreien konnten, aus Respekt vor Ehemann und Familie und weil sie sich nicht mit den revolutionären Frauen identifizieren konnten. Yosano selbst konnte sich nur befreien als sie verstand, dass sie ihr Frauenbildnis von sich ablegen musste und ihre Arbeit, das Gedichte schreiben, wie ein Mann zu verrichten hatte, was für die meisten Frauen der späteren Generationen ein großes Opfer wäre.

Zusammenfassend ist zu sagen, dass das neue Ideal der Frau im zwanzigsten Jahrhundert sich nicht vom Meiji-Ideal der gehorsamen Frau und weisen Mutter, die Staat und Ehemann dient, unterscheidet. Lediglich das eigene Selbstbildnis und der Lebensstil der Frau differenzieren sich durch immer wieder neu auftretende, durch Medien gelenkte Modeerscheinungen wie *modan gāru*, oder ab 1980 *bodikon gāru*, „körperbewusste Mädchen", die sich mit Hilfe von Diäten und Brustvergrößerungen dem typisch kindlich-aussehendem Ideal bis 1980 widersetzten (MILLER, 2003: 273–274).

7. Literaturverzeichnis

BEICHMAN, Janine (2007): *Embracing the firebird – Yosano Akiko and the Birth of the Female Voice in Modern Japanese Poetry.* Honolulu: University of Hawai'i Press.

MILLER, Laura (2003): Mammary Mania in Japan. In: Positions: *East Asian Cultures Critique* 11, 2, S.271–300.

RASPLICA RODD, Laurel (1991): Yosano Akiko and the Taishō Debate over the "New Women". In: LEE BERNSTEIN, Gail (Hg.): *Recreating Japanese Women, 1600 - 1945.* Berkeley, Los Angeles, Oxford: University of California Press, S.175–198.

SATO, Barbara (2003): *The New Japanese Woman – Modernity, Media, and Women in Interwar Japan.* Durham, London: Duke University Press.

TAUDIN CHABOT, Jeanette A. (1981): Die japanische Frauenrechtsbewegung von 1868 bis heute – ein Überblick. In: SLAWIK, Alexander / Sepp LINHART (Hg.): *Die Japanerin in Vergangenheit und Gegenwart – Referate des zweiten Wiener Japanologengesprächs vom 9. bis 11. April 1980.* Wien: Institut für Japanologie der Universität Wien, S. 255–272.